SOLFEGE
D'ARTISTE

ou complément de l'art de Lecture Musicale

contenant 124 Leçons sur toutes les clés et à changements de clés composé pour l'usage des

Classes du Conservatoire de Paris

DÉDIÉ A AUBER

PAR

A. PANSERON

Professeur de Chant au Conservatoire
Chevalier de la Légion d'honneur, de l'Ordre de l'Aigle Rouge.
et l'Ordre de la Couronne de Chêne.

REVU ET AUGMENTÉ

PAR

LAURENT DE RILLÉ

Officier de la Légion d'Honneur et de l'Instruction publique,
Membre des Ordres d'Isabelle la Catholique, de Charles III d'Espagne,
des Saints Maurice et Lazare, de la Couronne d'Italie,
du Mérite de Luxembourg, de François-Joseph d'Autriche,
de Saint-Olaf de Suède, etc., etc.

PRIX NETS : 1re PARTIE **3** FRANCS : 2e PARTIE **4** FRANCS
COMPLET **6** FRANCS

Approuvé pour les Classes par le Comité d'Enseignement du Conservatoire

à PARIS, chez E. GALLET, Succr de COLOMBIER
6, Rue Vivienne et Galerie Vivienne, de 62 à 72

AVIS. — L'introduction et la vente en France et en Belgique des éditions italiennes ou allemandes des ouvrages de Panseron et Bordogni sont rigoureusement interdites, et occasionneraient la saisie des ouvrages et des poursuites en contrefaçon.

1906

SOLFÈGE D'ARTISTE

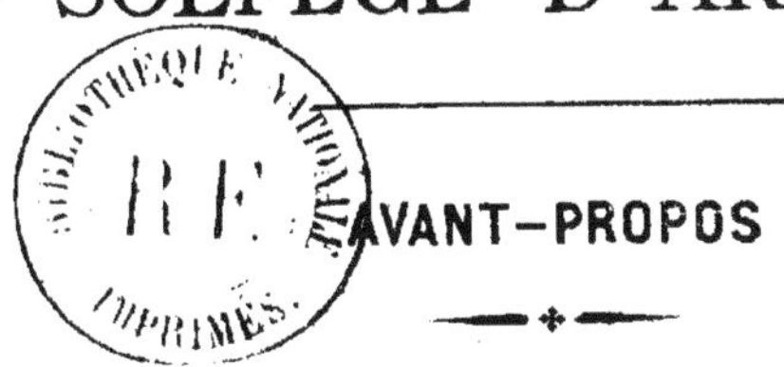

AVANT-PROPOS

Cet ouvrage est destiné à terminer l'éducation de l'artiste qui veut lire à première vue toute espèce de musique, transposer un morceau et se rendre compte d'une partition d'orchestre.

Ce triple résultat sera obtenu: par la lecture des leçons progressives qui, écrites souvent dans le style fugué afin d'éliminer les phrases trop faciles, forcent l'élève à lire réellement chaque note au lieu de deviner instinctivement la fin prévue d'une mélodie banale; par l'étude des solfèges avec différentes clefs, et par la connaissance des accords qui forment la première base de l'harmonie.

DES CLEFS

La *PORTÉE* a cinq lignes, et elle doit *porter* toutes les notes qui représentent tous les sons du grave à l'aigu! On est donc convenu d'affecter des portées spéciales aux sons aigus et d'autres aux sons graves. Ces portées sont désignées par des *clefs*.

Les *clefs* de *SOL* 𝄞 se placent sur les portées réservées aux sons aigus (Flûtes, Violons, Parties de Chant, notes élevées de l'Orgue ou du Piano.)

Les *clefs d'UT* 𝄡 caractérisent les portées destinées aux sons aigus et moyens. (Sopranos, Altos, Ténors, notes élevées du Violoncelle)

Les *clefs* de *FA* 𝄢 indiquent les portées des sons graves (Barytons, Basses, Violoncelles, Trombones, notes graves du Piano et de l'Orgue.)

La *clef* de *SOL* se place sur la 2de ligne de la portée:

On la plaçait autrefois sur la 1re ligne de la portée:

Cette clef n'est plus usitée maintenant.

La *clef* d'*UT* se pose sur la 1re, sur la 2me, sur la 3me et sur la 4me ligne de la portée:

La *clef* de *FA* a deux positions; la plus usitée, sur la 4me ligne;

l'autre sur la 3me :

Chaque clef donne son nom à la ligne sur laquelle elle est posée et détermine ainsi le nom des autres notes de la gamme.

Pour connaître le diapason des différentes Clefs, il faut étudier le tableau suivant:

Toutes les notes qui suivent les clefs de *Sol*, les clefs d'*Ut* et les clefs de *Fa* ont la même hauteur et représentent le même son.

Avant d'aller plus loin, il est nécessaire de donner ici les noms employés par les harmonistes pour désigner d'une manière générale les notes de toutes les gammes majeures ou mineures.

La Tonique donne son nom à la Gamme et au Ton: Gamme d'Ut, ton d'Ut; Gamme de Sol, ton de Sol; Gamme de La, ton de La; etc.

Les intervalles qui séparent les notes peuvent être majeurs ou mineurs, augmentés ou diminués.

DE LA TRANSPOSITION

Les *clefs* servent à transporter une phrase musicale ou même un morceau entier d'un ton dans un autre. C'est ce qu'on appelle *transposer*, faire une *transposition*.

Exemple: Si vous voulez mettre dans le *ton* de *Sol* une phrase écrite avec la *clef de Sol* dans le *ton d'Ut*, vous remplacez la *clef de Sol* par la *clef de Fa 3me ligne*. Le *Fa* se trouvant alors sur la troisième ligne, la note placée dans l'interligne situé immédiatement au dessus devient *Sol*, et la *tonique Sol* remplace la *tonique Ut*. Vous n'avez plus qu'à placer près de la clef d'Ut le dièze qui caractérise le ton de Sol.

Exemple:

Règle générale pour transposer: Trouvez la tonique du morceau que vous voulez transposer, donnez à cette note le nom du ton dans lequel vous voulez faire la transposition, et cherchez la clef qui assure à cette note le nom que vous avez choisi. Puis, mettez à la clef les dièzes ou les bémols nécessités par le ton nouveau.

Pour transposer en *RÉ* prenez la *clef d'UT 3me ligne* et mettez deux dièzes à la clef.

Pour transposer en *LA* majeur prenez la *clef d'UT sur la première ligne* et mettez 3 dièzes à la clef.

Pour transposer en *MI* majeur prenez la *clef de FA 4me ligne* et mettez 4 dièzes à la clef.

Pour transposer en Si majeur, prenez la *clef d'Ut 4me ligne* et mettez 5 dièzes à la clef.

Pour transposer en Fa dièze majeur, prenez la *clef d'Ut 2me ligne* et mettez 6 dièzes à la clef.

Pour transposer en Fa naturel majeur, prenez la *même clef* et mettez 1 bémol à la clef.

Qu'il s'agisse de tons majeurs ou de tons mineurs, de tons dièzés ou de tons bémolisés, la façon de procéder est la même.

Les élèves doivent s'exercer à faire des transpositions dans tous les tons en s'aidant des exemples ci-dessus. Ils auront peut-être quelque peine tout d'abord à trouver la clef cherchée, mais ils s'accoutumeront bien vite à vaincre cette petite difficulté et ils feront aisément les transpositions écrites. La pratique les familiarisera avec la transposition chantée ou exécutée.

Complètons cet Avant-propos par quelques notions d'harmonie qui familiariseront l'élève avec les principaux accords, l'aideront à reconnaître et à établir les tonalités et seront pour lui une initiation à l'art de l'accompagnement.

TABLEAU SOMMAIRE DES PRINCIPAUX ACCORDS

ACCORDS CONSONNANTS

Accord parfait majeur: trois positions 1re 2me 3me — Accord parfait mineur: trois positions 1re 2me 3me

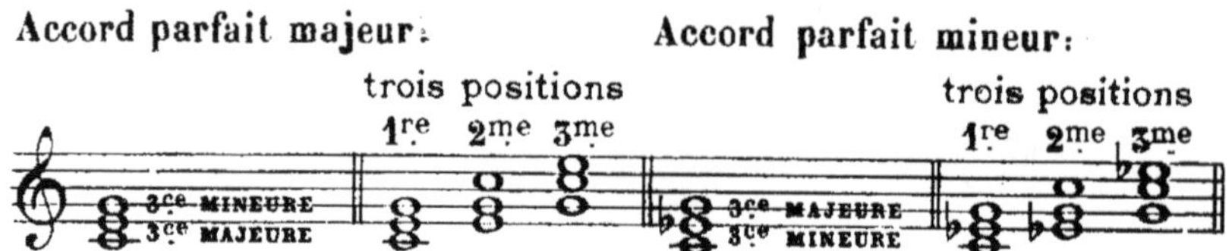

ACCORDS DISSONNANTS

SEPTIÈMES

7ème de 1ère espèce ou de *Dominante*

quatre positions

7ème de 2de espèce — 7ème de 3me espèce — 7me de 4me espèce ou 7me majeure — 7ème diminuée

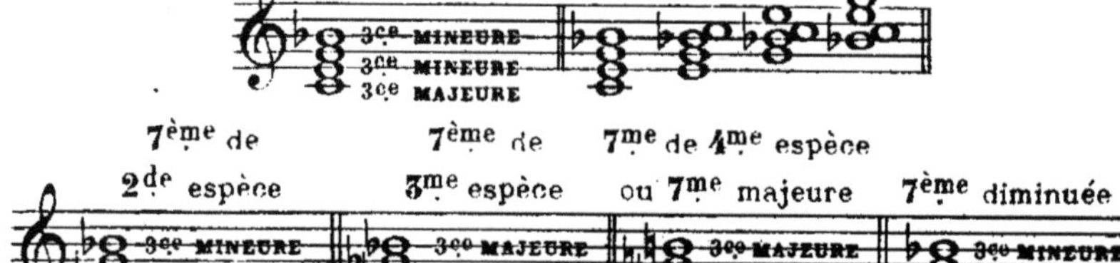

Toutes les 7èmes ont quatre positions comme la 7ème de dominante

Quinte et Sixte augmentée — Quarte et Sixte augmentée

NEUVIÈMES

Neuvième majeure — Neuvième mineure

Nota_ L'élève fera bien de transposer ce tableau en prenant pour point de départ l'accord de Sol majeur.

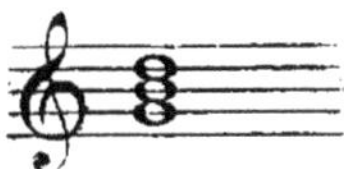

Il devra le transposer ensuite en partant de l'accord de Ré majeur.

Il devra écrire les quatre positions de toutes les septièmes.

Comme on le voit, les accords résultent de la vibration simultaneé de trois, de quatre ou de cinq sons. (Deux sons simultanés sont des fragments d'accords suffisants pour constituer une suite d'harmonies intéressantes.)

Remarquez que, dans leur forme la plus simple et la plus serrée, les accords offrent l'aspect de tierces superposées. Etudier la nature et la position de ces tierces.

Vous voyez que les accords de trois sons ont trois positions, et que les accords de cinq sons ont quatre positions. Ces positions sont appelées aussi *états* ou *renversements*.

Observez que la *Septième de Dominante* n'est autre chose que l'accord parfait majeur surmonté d'une tierce mineure, et que la *Septième de 2me espèce* se compose de l'accord parfait mineur et d'une tierce mineure surajoutée.

Enfin que les *Neuvièmes majeures* et *mineures* sont exactement la *Septième de Dominante* à laquelle on ajoute une *Tierce majeure* ou une *Tierce mineure*.

La partie supérieure de la *Neuvième majeure* privée de la note fondamentale (*Ut* dans l'exemple) est identiquement la *Septième de 3me espèce;* La partie supérieure de la *Neuvième mineure* séparée de la note fondamentale (*Ut*) est la *Septième diminuée*. Ces accords peu nombreux sont faciles à retenir.

Ne figurent pas dans le *tableau sommaire*, la quinte diminueé:

qui n'est que la partie supérieure de la *Septième de Dominante*, la quinte augmentée qui peut être considérée comme produite par une *note de passage* et la *Septième dite de Sensible* identique à la *Septième de 3me espèce.*

L'accord de Septième de Dominante se pose sur la *Dominante* des tons majeurs ou mineurs indistinctement. Il est l'accord caractéristique de cette note.

L'accord de Septième de deuxième espèce se pose sur le deuxième degré des tons *majeurs* et constitue l'harmonie qui accompagne la *Sous-Dominante* des tons *majeurs.*

L'accord de Septième de troisième espèce se pose sur le deuxième degré des tons *mineurs* et accompagne la *Sous-Dominante* des tons *mineurs.*

Les accords *qui accompagnent la Sous-Dominante et la Dominante établissent la tonalité.*

A l'aide des clefs, transposer dans tous les tons les exercices suivants:

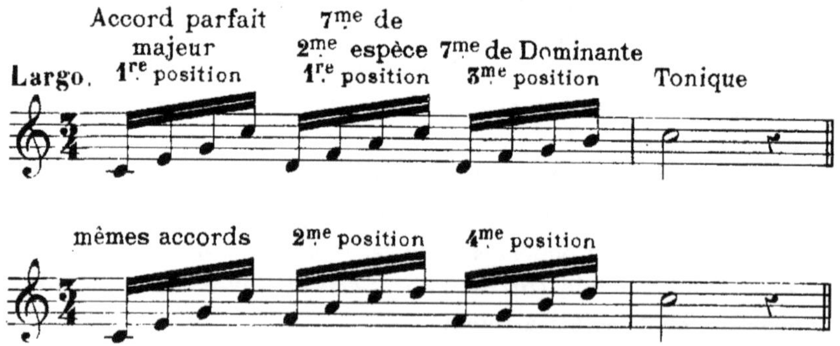

On reproche aux clefs (si utiles pourtant) d'être une complication; on critique aussi la portée qui a le défaut de présenter la même note sous plusieurs aspects. L'auteur du solfège d'artiste a inventé un système d'écriture qui ferait disparaitre une partie de ces inconvénients. Il est certain que la portée de trois lignes proposée par Fourrier rendrait la lecture plus facile et les partitions d'orchestre plus claires. Mais pour appliquer ces inventions ingénieuses, il faudrait refaire et réimprimer toute la musique écrite depuis plus de deux siècles. C'est impraticable.

Etudions donc la musique telle qu'elle est, et non telle qu'elle aurait pu être.

Allº moderato (𝅗𝅥 = 100)
Nº 1.
Allttº (♩ = 120)
Nº 2.
p

Allegretto (♩= 100)

N° 3.

p

2

Allegretto (♪= 112)

N° 4.

p

Moderato (♩= 112)
N° 5.
p
Allegretto (♪= 184)
N° 6.
Piano
Chant
p

N° 7
Allegretto (♩= 144)
p
5

N. 8.
Moderato (♩=108)
Réplique
p
Piano
Chant
p
même mouvement.
même mouvt.
même mouvt.
plus lent (♩=76)
même mouvt
même mouvt.
1r mouvt.
même mouvt.

All.tto moderato (♩=92)
N° 9.
Replique
Piano f.
Chant.
p
f

Andante (♩=88)
Nº 10.
p
p

(1) Le double dièze se marque de trois manières × ✕ ✕

Moderato (♩=144)
Nº. 13.
p
f
ff

Moderato (♩= 112)
N° 14.
p
f
Allegretto (♪= 152)
N° 15.
p

p

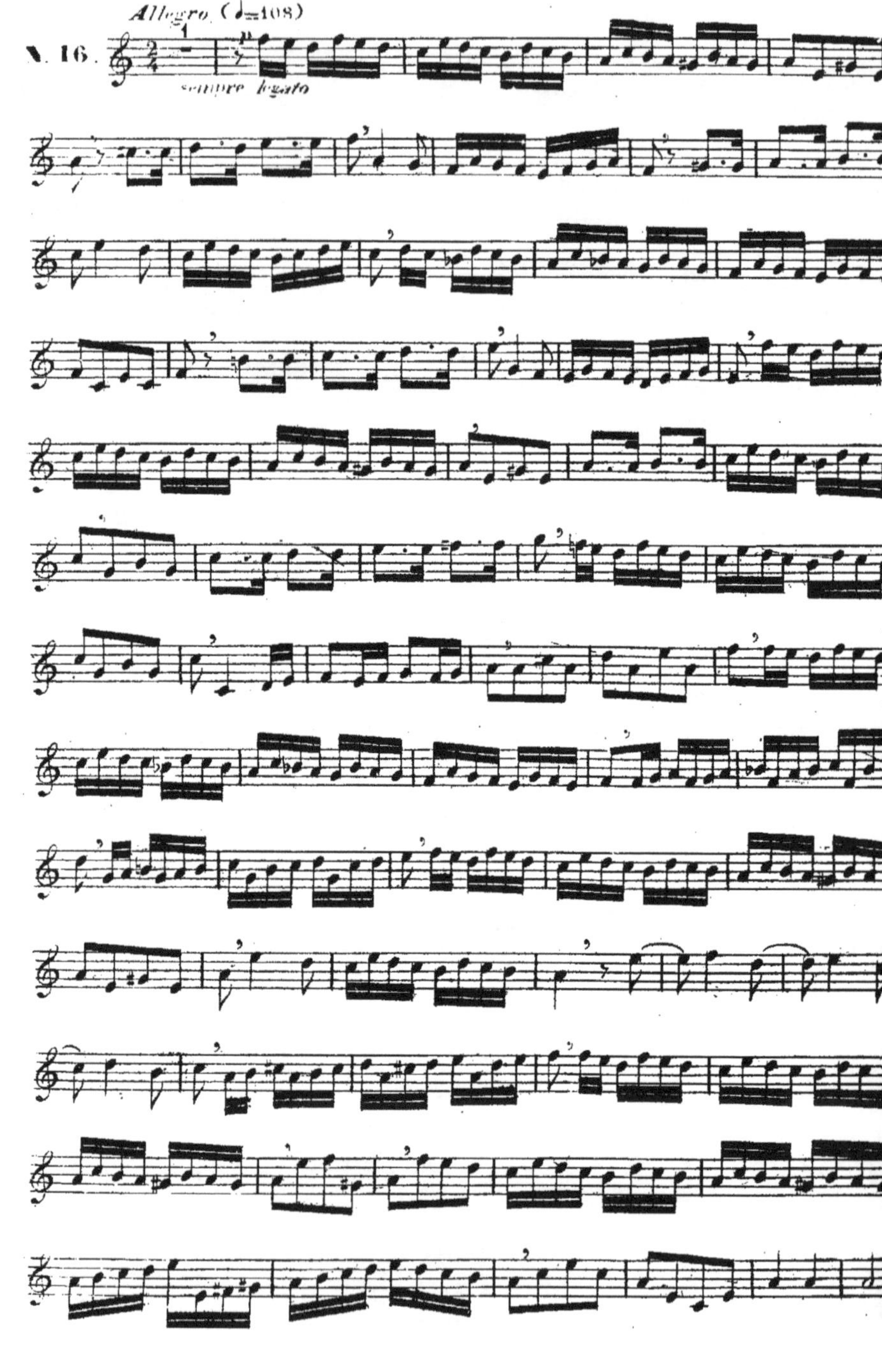
Allegro (♩=108)
N. 16.
p
sempre legato

N°. 17

Andantino (♩=76)
Nº 18.
p
Bien lié.
p

Nº 19.
Andante (♩= 69)
p
2

N° 20.
Replique
Piano
Clar.
p
p

Adagio (♪ = 104)
Replique
N. 21
Piano p
ff
p

Largo (♩=60)
Nº 22.
p
p

And.te sostento (♪=132)
N° 23.
p
ritard.
a tempo.

N. 24.
Moderato. (♩=132)
p

Moderato. (♩=152)
Replique
N° 23
p
Piano.
Chant
p

Cantabile appassionato (♩ = 88)
Nº. 26.
p

Allegretto (♩=100)

N° 27.

p

Andte sostenuto (♩=76)

N° 28.

Replique

Piano.

Chant.

p

3

f
f

Allegretto (♩ = 84)
Nº. 29
p
Allegretto (♩ = 84)
Nº. 30
p

Lento (♪=100)
Nº. 31.
p

DE LA CLÉ DE FA 4me LIGNE.

On se sert de cette clé pour chanter la Basse-taille et le Baryton et pour exécuter sur le Violoncelle, la Contrebasse, le Basson, le Trombonne, le Serpent et tous les instrumens graves. On écrit aussi la main gauche du Piano sur cette Clé. Les Cors et les Trompettes en Mi se lisent aussi sur cette Clé.

N'oubliez pas que le 1er principe des Clés dit que, la note posée sur la ligne de la Clé en prend le nom.

Exemple.

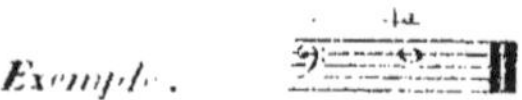

ÉTENDUE DE LA VOIX DE BASSE-TAILLE.

EXERCICES POUR LIRE SANS CHANTER.

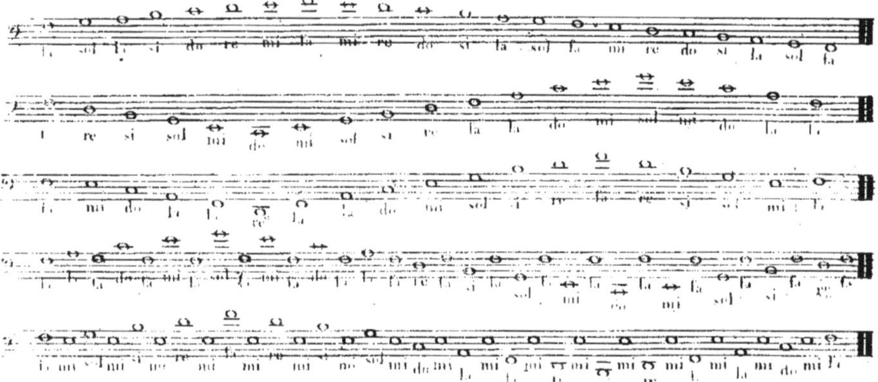

Les leçons que j'ai composées sur la clé de Fa 4me ligne pour ce solfège, sont un peu difficiles, mais j'ai pensé que les élèves qui travailleront ce livre auraient déjà lu cette clé. Dans mon A. B. C. musical et sa suite, il y a une grande quantité de leçons sur la clé de Fa 4e ligne, qui sont beaucoup plus faciles.

Non-seulement cette clé est indispensable pour les voix et les instrumens dont je viens de parler, mais il faut la connaître pour plusieurs transpositions, ainsi que pour lire la partition. Exemples: un morceau écrit sur la clé de Sol, devant être transposé une 3e plus haute doit être lu sur la clé de Fa 4e ligne. Une leçon écrite sur la clé d'Ut 3e ligne, devant être transposée un ton plus haut, il faut encore lire sur la clé de Fa 4e ligne. Une leçon écrite sur la clé d'Ut 2e ligne, devant être chantée un ton plus bas, il faut encore prendre la clé de Fa 4e ligne &. Cette clé est sans contredit une des plus essentielles.

N° 62.

Moderato (♩ = 100)

p

1re VAR.

p

2me VAR.

3me VAR.

p

4me VAR.

p

5me VAR.

p

6me VAR.

p

7me VAR.

p

8me VAR.

p

9me VAR.

p

10me VAR.

p

11me VAR.

p

Andante (♩= 69)
N. 33.
p
Moderato (𝅗𝅥 = 96)
N. 34.
p

Moderato (♩=104)
Nº 35.
mf
p
p
Maestoso (♩=84)
Nº 36.
p

Andante (♩ = 92)
N°. 37.
p

All.tto non troppo (♩=60)
N° 38.
p
Allegretto (♩.=88)
N° 39.
p

p

N° 50

Moderato (♩ = 116)

p

Allegretto (♪ = 152)
N°. 41.

Allegretto (♩= 100)
Nº 72.

Larghetto (♩= 44)
Nº. 43.
mf

All.tto decioso (♪=176)
N.° 44.
mf

SUR LA CLÉ D'UT 1.re LIGNE.

La clé d'Ut première ligne est la clé dont on se sert pour les Sopranos en Italie; pour les chanteuses c'est donc la clé la plus essentielle à bien savoir. Même, dans presque toutes les partitions Françaises et Allemandes les premiers et seconds dessus sont écrits sur cette clé.

Toutes les clés sont indispensables pour les musiciens qui veulent lire une partition. Il faut savoir cette clé pour déchiffrer les Cors en La, les Trompettes en La, et les Clarinettes en La. Ayez toujours dans la mémoire le premier principe des clés, qui dit que la note posée sur la ligne de la clé en prend le nom.

Ainsi on nomme Do, la note posée sur la première ligne. *Exemple.* DO

EXERCICES POUR LIRE SANS CHANTER.

Dans la lecture musicale, ce qu'il y a de plus difficile, ce sont les intervalles disjoints et parconséquent de plus facile, les intervalles conjoints.

J'ai remarqué que les solféges qui ont précédé celui-ci, faisaient solfier de suite des mélodies où l'on n'avait pas pensé à cette difficulté; je me suis attaché à éviter ce défaut, et après avoir fait solfier la gamme diatonique, je fais lire une mélodie avec une douzaine de variations faciles, et lorsque la mélodie se trouve en intervalles disjoints, je mets le nom des notes au-dessus; mais lors des intervalles conjoints, je me dispense de cette précaution; ce soin m'a parfaitement réussi dans mes leçons.

Ce qui fait que les élèves éprouvent une grande répugnance à apprendre les différentes clés, c'est que les méthodes n'ont pas aplani la première difficulté. J'ose espérer que le moyen dont je me sers, les découragera moins. La première leçon à prendre ou à donner est sans contredit la plus difficile.

Si l'on veut transposer un morceau de la clé de Sol d'une tierce audessous, il faut se servir de la clé d'Ut première ligne.

L'élève fera bien de copier de la musique sur cette clé, et même de prendre quelques leçons de clé de Sol, et de les transposer sur la clé d'ut 1re ligne; ce moyen est excellent pour obtenir l'habitude des clés.

1re LEÇON SUR LA CLÉ D'UT 1re LIGNE.

N° 46. *Thème.*

Moderato.

1re VAR.

2me VAR.

3me VAR.

4me VAR.

5me VAR.

6me VAR.

7me VAR.

8me VAR.

9me VAR.

10me VAR.

11me VAR.

N.° 67

Thème.

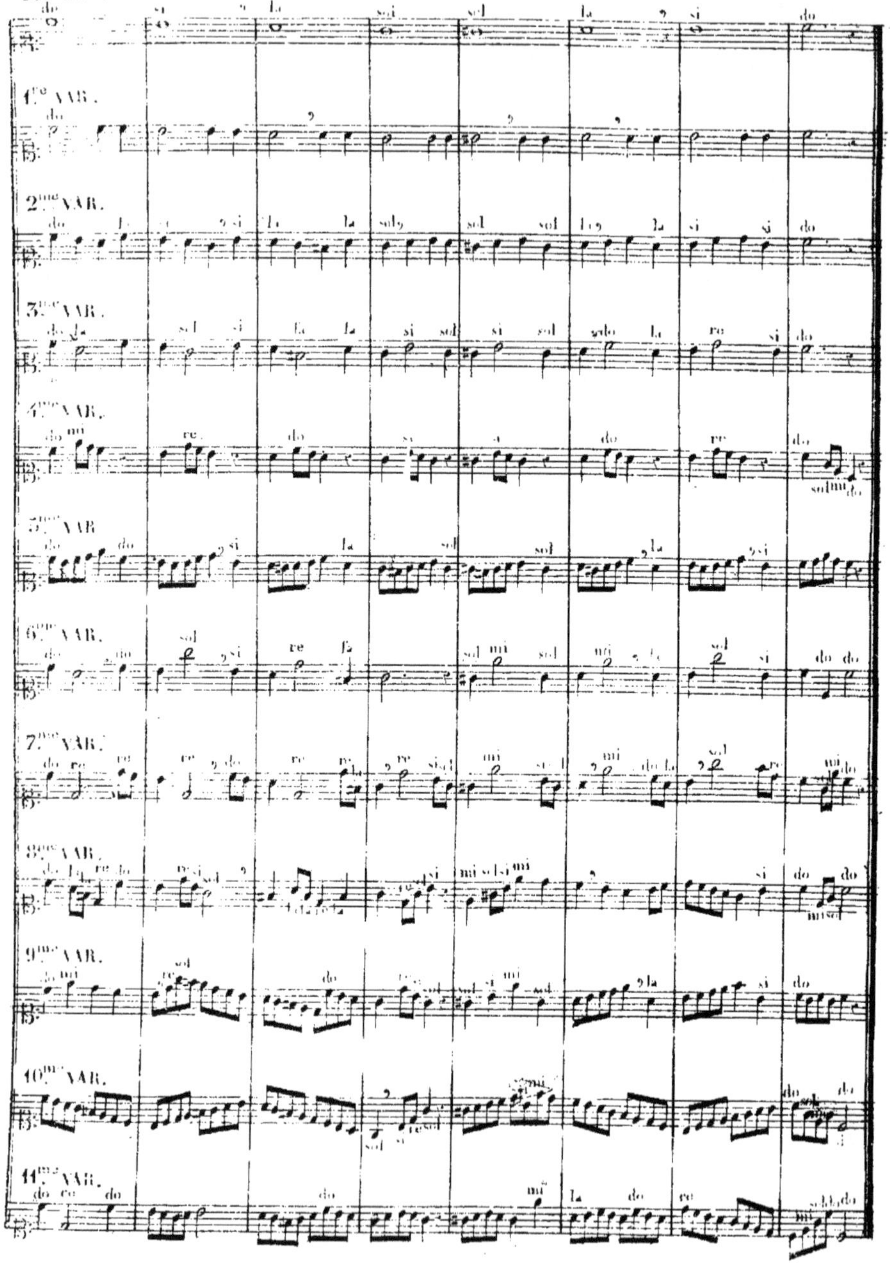

1.re VAR.

2.me VAR.

3.me VAR.

4.me VAR.

5.me VAR.

6.me VAR.

7.me VAR.

8.me VAR.

9.me VAR.

10.me VAR.

11.me VAR.

N° 48.
And.te moderato (♩= 96)
p
p
p

Moderato
N° 49.

Cantabile (♪ = 100)
N°. 50.
p

No 51

Moderato (♩ = 108)
N° 32.
p

All.tto non troppo (♩=92)

Nº 53.

p

Légato

Adagio (♪ = 84)
Nº. 54.
p
p
tr
p
p

N. 55
Allegretto (♩= 108)
p
p
f p
N. 56
Allegretto (♩= 104)
p

p

Qua i allegretto (♪=168)
N° 57.
p

1
3
2
p
p

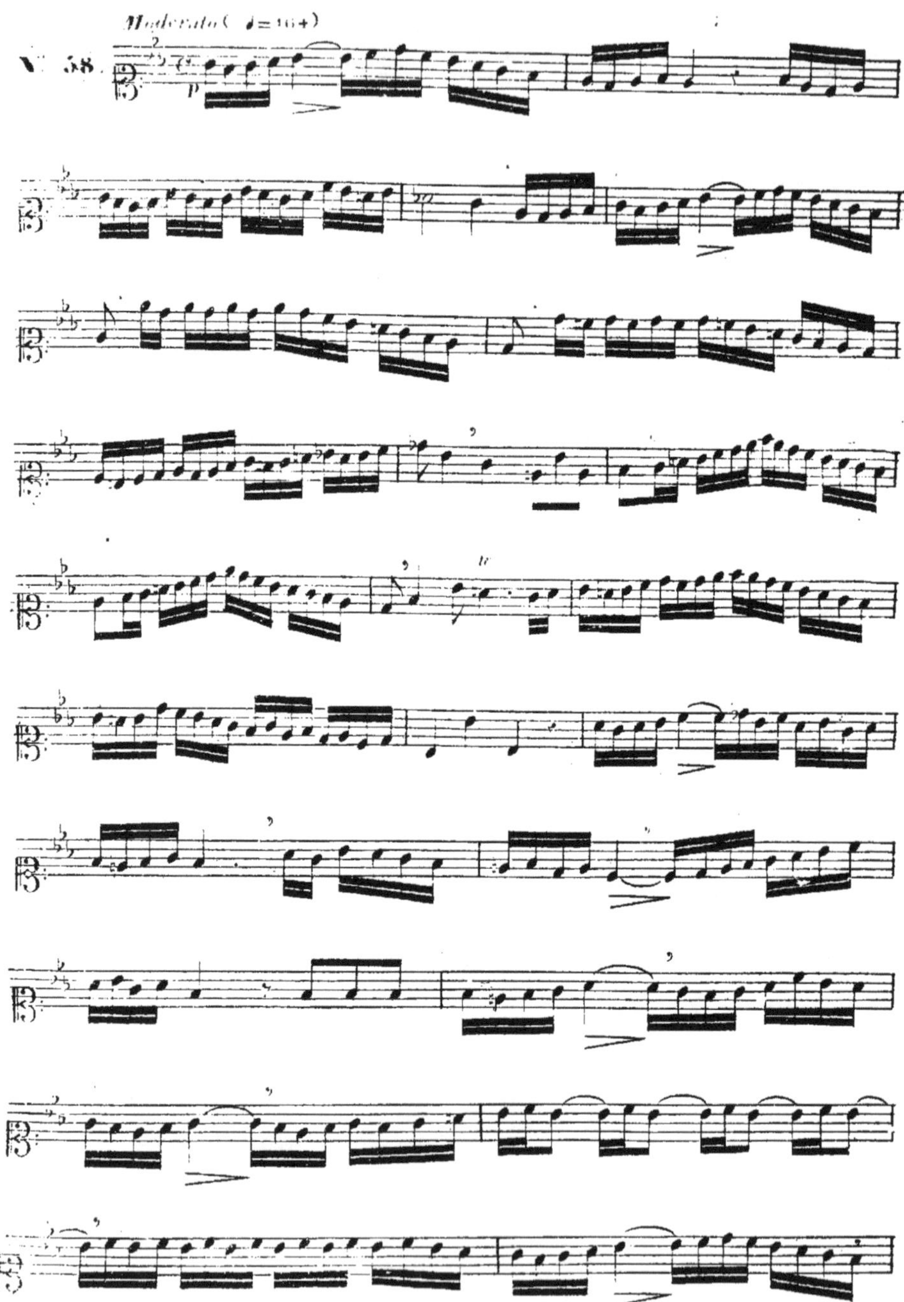
N° 58.
Moderato
p

www.ingramcontent.com/pod-product-compliance
Ingram Content Group UK Ltd.
Pitfield, Milton Keynes, MK11 3LW, UK
UKHW022127260726
13993UKWH00003B/1289